LA VIE
ET
LES ŒUVRES
DE
FÉLIX MANGINI

CONFÉRENCE

FAITE A LA SOCIÉTÉ DES AMIS DE L'UNIVERSITÉ LYONNAISE

le 13 décembre 1902

PAR

ÉDOUARD AYNARD

A. STORCK & Cie, IMPRIMEURS-ÉDITEURS, LYON
PARIS, 16, rue de Condé, près l'Odéon

1903

FÉLIX MANGINI

LA VIE
ET
LES ŒUVRES
DE
FÉLIX MANGINI

CONFÉRENCE

FAITE A LA SOCIÉTÉ DES AMIS DE L'UNIVERSITÉ LYONNAISE

le 13 décembre 1902

PAR

ÉDOUARD AYNARD

A. STORCK & Cie, IMPRIMEURS-ÉDITEURS. LYON
PARIS, 16, rue de Condé, près l'Odéon

1903

LA VIE ET LES ŒUVRES
DE
FÉLIX MANGINI

CONFÉRENCE

Faite à la Société des Amis de l'Université lyonnaise
le 13 décembre 1902

Par Édouard AYNARD

Personne ne s'étonnera de la pensée délicate qui a conduit la Société des Amis de l'Université de Lyon à ouvrir ses conférences annuelles par une courte étude sur la vie et l'œuvre de Félix Mangini, son président et principal fondateur, mort il y a quelques mois (1). La Société des Amis de l'Université a voulu confier cette tâche, triste et douce à la fois, à celui de ses membres qui a été pendant quarante ans le témoin de la vie de Félix Mangini, et son ami.

Il y a quelque réconfort moral à parler en ce moment d'un homme de bien. L'heure est trouble et, si l'on ne voulait consulter que les apparences, il semblerait que nous nous trouvions en grand désarroi moral. Le monde retentit de mauvaises paroles ; les actions brillantes,

---

(1) Félix Mangini est mort à la Pérollière, commune de Saint-Pierre-la-Palud, le 25 août 1902.

étranges ou criminelles sont seules mises en lumière. Ce qu'on nous montre tous les jours, par tous les moyens de publicité, c'est, outre les accidents, les fléaux et les catastrophes, les scandales, ce qu'on appelle les beaux crimes, les ressources infinies de la perversité humaine ; on étale tout ce qui, en un mot, peut nous éblouir ou bien nous émouvoir d'une manière malsaine, nous abattre et nous faire douter de la valeur morale de la société où nous vivons. Et cependant la mère continue à se sacrifier pour son enfant, le père à soutenir sa famille par le plus dur labeur : de l'un à l'autre, chez les petits au moins autant que chez les grands, la bonté humaine s'épanche à toute heure en mille formes ingénieuses ; on se dévoue, on se sacrifie en une foule d'humbles et obscures actions quotidiennes sur lesquelles aucun éclat n'est projeté et, selon le mot du poète, il y a toujours beaucoup de héros ignorés qui dorment dans les cimetières de village. Le fond et l'apparence ne sont heureusement pas les mêmes ; dans notre époque de transition et d'incertitude sur tant de grandes directions de la vie nationale et morale, il n'y a point que désorganisation, il y a aussi développement en plusieurs directions ; il y a toujours aussi la foule des braves gens cachés qui par leur action incessante maintient le monde. Il y a plus de lumière projetée sur des noms tels que celui de Félix Mangini ; il n'en était pas moins l'un des membres de cette famille du bien qui se vouent sans relâche, à leur place, sans recherche d'un rang plus haut et plus brillant, à réparer patiemment les maux causés par ceux qui, sur le devant de la scène dans le grand spectacle de la vie humaine, provoquent l'agitation et le trouble dont ils vivent.

Tout ce que Mangini a fait, il a voulu le faire sur son beau coin de terre lyonnais. Il n'était pas ce qu'on appelle d'un mot neuf qui a trop justement fait fortune : un déraciné. Il était au contraire un enraciné dans son pays de Lyon ; il nous a appartenu tout entier. Sauf quelques voyages d'affaires ou quelques déplacements nécessités par l'état de sa santé, Mangini ne quittait Lyon que pour une courte villégiature à nos portes, dans nos riantes montagnes de la vallée de la Brévenne. Il a cru à cette parole de Pascal : « Tous les malheurs viennent de ne pas savoir rester chez soi. »

Félix Mangini est né à Lyon en 1836. Il acheva toutes ses études au lycée de Lyon ; il fut reçu en 1856 à l'École des mines de Paris, et en sortit comme ingénieur libre. A peine échappé de l'École, il se voyait soumis à une rude épreuve et à une grande responsabilité. Dès l'âge de vingt-trois ans, son père lui confiait la direction des mines de houille de Longpendu (Saône-et-Loire) dont il était amodiataire. Jeté si vite dans une situation toujours difficile, le jeune homme montra des qualités de décision et d'énergie, qui devaient tout de suite le faire juger apte à de plus grandes affaires. Son père, dont le nom avait honorablement marqué dans les plus grandes entreprises de chemins de fer et qui s'était déjà associé son fils Lucien, homme très supérieur dont il faudrait bien pouvoir retracer la noble carrière, voulut sans tarder s'associer également Félix, afin de substituer aux entreprises pour compte d'autrui, des œuvres de création personnelle. Telle est l'origine de la constitution de la Compagnie des chemins de fer des Dombes et du Sud-Est, en 1863.

Il serait hautement intéressant de pouvoir faire l'étude économique du nouveau régime de chemins de fer que voulurent inaugurer les frères Mangini. Il faut dire les frères, car leur père, terrassé par la maladie, devint incapable d'action, dès l'origine de la compagnie des Dombes. Mais il y apportait du moins les leçons, les exemples et les traditions de celui dont il avait été le collaborateur modeste, de Marc Seguin, l'homme de génie qui fut le créateur des chemins de fer en France. En établissant le premier chemin de fer français, de Lyon à Saint-Étienne (1), Marc Seguin avait dû tout inventer dans un art complètement ignoré : sans le secours des expropriations, de l'expérience d'une science antérieure, il fallait faire les tracés, établir la voie, les ouvrages d'art, les tunnels ; par une découverte merveilleuse, Marc Seguin donnait en même temps la vitesse à la lente machine de Stephenson ; puis il devait se transformer en administrateur et en commerçant.

C'est de cette école d'initiative hardie, et en tous points créatrice, que les frères Mangini voulaient procéder en fondant la Compagnie des Dombes. Ils se proposaient d'apporter dans l'art de la construction et de l'exploitation des chemins de fer des vues nouvelles ou renouvelées, paraissant originales, malgré qu'elles fussent frappées au simple coin de la raison et de l'observation. Par des actes, il fallait prouver qu'il y avait quelque chose d'utile et de possible à faire, en dehors et à côté du régime des grandes compagnies, qui a sa raison d'être, ses droits à respecter et ses avantages, mais qui étale au grand jour d'inévitables défauts, devenus plus graves et plus flagrants, à mesure que l'entreprise devient plus gigantesque : défauts résul-

---

(1) La première *voie ferrée* française est en réalité celle qui avait été établie en 1823 d'Andrézieux à Roanne, mais on n'y employait que la traction par chevaux et même par bœufs : le premier chemin de fer par traction mécanique et par locomotive est bien celui de Lyon à Saint-Étienne établi en 1825. Cela n'a pas empêché les Parisiens de célébrer le cinquantenaire de la création des chemins de fer en France en 1887, la faisant dater de 1837, c'est-à-dire de la création de la ligne de Paris à Saint-Germain !

tant surtout du manque d'intérêt direct et personnel chez ceux qui dirigent en hauts fonctionnaires des services séparés s'ignorant ou même se contrecarrant les uns les autres; défauts provenant de l'excès de concentration et de centralisation des pouvoirs à Paris, centralisation funeste pour tous, lorsqu'il s'agit d'activer la marche d'entreprises qui doivent prendre un caractère pratique, commercial et adapté autant que possible aux besoins locaux et régionaux. Ces hommes estimaient qu'il était nécessaire d'introduire un peu plus de libre concurrence dans notre régime des chemins de fer, même pour le profit des grandes compagnies; qu'il était excellent que de petites compagnies intermédiaires vinssent donner l'exemple de constructions à meilleur marché, d'administrations locales en contact permanent avec les populations, étudiant et connaissant de près les ressources et les besoins de la région desservie.

La méthode économique qu'a voulu pratiquer la Compagnie des Dombes et du Sud-Est se résumait en ces termes : ouvrir des chemins de fer construits à bon marché; donner plus de souplesse et de liberté dans la direction et l'exploitation, y faire dominer l'esprit commercial.

Au reste, la loi de 1865 sur les chemins de fer d'intérêt local était bientôt après votée dans le même but et au nom des mêmes principes. C'est pour user de cette loi, qu'avec la concession initiale de Lyon-Sathonay à Bourg, les frères Mangini réunirent d'autres concessions représentant environ 430 kilomètres; ils réalisaient en même temps l'œuvre humaine et bienfaisante du desséchement des étangs des Dombes, jointe à la concession première. A part le Lyon à Montbrison, l'ensemble des lignes paraissait de valeur bien médiocre; cependant le succès fut à la fois éclatant et isolé.

D'autres petites compagnies se sont formées sous le régime de 1865, pour former le réseau dit d'intérêt local; mais si beaucoup avaient le goût de ces nouvelles lignes, c'était soit pour les lancer et les abandonner ensuite, soit pour les construire trop chèrement et prélever des bénéfices abusifs d'entreprise. Aussi, le résultat fut-il lamentable ; sur 4.500 kilomètres de chemin de fer ainsi concédés à cette époque par les départements, tous constituèrent des ruines totales pour les actionnaires, ou bien, pour éviter de trop retentissantes catastrophes, furent rachetés par l'État dans les conditions les plus onéreuses. L'unique exemple de succès et de prospérité se rencontre dans la Compagnie des Dombes et du Sud-Est parce que là seulement les créateurs de l'affaire avaient employé les bons moyens matériels, et il faut aussi l'ajouter, les moyens moraux pour réussir. Les frères Mangini étaient restés les principaux actionnaires et les gérants de leur compagnie ; ils n'ont jamais voulu séparer leur fortune de la sienne.

Curieux et beau spectacle industriel que celui d'une compagnie où les deux chefs étaient à la fois les promoteurs, les ingénieurs, les constructeurs et les exploitants. Ils s'y montrèrent à la fois savants ingénieurs, constructeurs économes et expérimentés, administrateurs prudents. connaissant les exigences légitimes de la clientèle, n'oubliant jamais qu'en réalité l'exploitation d'un chemin de fer n'est que celle d'une industrie et d'un commerce de transport, devant s'appliquer à servir les autres industries et les autres commerces. Ils s'inspirèrent de cette vérité fondamentale en la matière, qu'à cette heure, la science même de l'ingénieur et surtout le formalisme du bureaucrate doivent y céder le pas à l'économie et à l'art du commerce. Nos finances et notre développement commercial se sont gravement ressentis du système contraire qui a prédominé.

La Compagnie des Dombes et du Sud-Est prit fin en 1884, par suite d'une fusion avec la grande Compagnie P. L. M. Diverses raisons l'imposaient ; la santé de Lucien Mangini était prématurément atteinte d'une manière irrémédiable ; la guerre de tarifs inaugurée par la Compagnie P. L. M. se poursuivait au dommage des deux parties, et surtout le grand projet d'avenir formé par les frères Mangini s'évanouissant, l'effort d'hommes capables de bien plus grandes choses que celles déjà accomplies devenait trop limité.

Lucien Mangini, spécialement, avait fait les études les plus approfondies sur l'établissement d'une grande ligne transversale et directe de Lyon à Bordeaux, dont la concession de Lyon à Montbrison pouvait être considérée comme l'amorce. Par une haute vue d'avenir, les frères Mangini considéraient l'établissement de cette voie directe comme capitale pour le développement du commerce de notre région, devant multiplier les relations de l'Europe centrale, la Suisse, l'Italie avec l'Est et le Centre de la France par l'aboutissement le plus court de ces énormes courants commerciaux au grand port du Sud-Ouest français, Bordeaux, auquel est venu depuis s'ajouter celui de la Pallice.

C'eût été un admirable complément de notre système de chemins de fer ; mais diverses concessions étaient hâtivement données, afin de rendre ce projet impraticable. Au lieu de la voie magistrale, imaginée par Mangini, la communication entre Lyon et Bordeaux s'opère en une série de tronçons brisés avec la plus étrange fantaisie, faisant que parfois le moyen le plus rapide pour aller de Lyon à Bordeaux est de passer par Paris.

La carrière professionnelle de Mangini se terminait ainsi plus tôt qu'il ne l'eût souhaité; ç'a été tout profit pour le bien public envisagé sous d'autres formes. Après trente ans de travail, d'autres que lui eussent soupiré à bon droit après le brillant repos que donne une fortune bien acquise, basée sur des services rendus au pays, et aux honneurs qui couronnent parfois la fin de la vie. Mais la fortune, qu'on croyait pour lui beaucoup plus considérable parce qu'on la mesurait à sa générosité, ne paraissait pas à F. Mangini bonne qu'à n'en retenir que la crainte de la perdre, ou bien à l'entasser afin de mieux assurer à des descendants le supplice de l'ennui et de l'oisiveté; il l'estimait comme une puissance de bien faire et comme lui laissant la liberté de se consacrer au service des autres. Il n'avait pas dépensé toute son énergie dans ses affaires personnelles, elle restait intacte, il devait la consacrer tout entière et sans un seul jour de relâche jusqu'à la mort, pendant près de vingt ans, à la nouvelle carrière qu'il choisissait: celle du bien social.

On le sait, tout bien est difficile à faire, et ce qu'il y a parfois de désolant dans l'expérience de la vie, c'est que tout ce qu'on croit bien n'est pas bon à faire. Dans l'action bienfaisante, il est moins permis d'échouer qu'ailleurs, car cela sert de prétexte à ceux qui ne veulent pas l'entreprendre. Il y a de l'art et de la raison dans la pratique du bien. F. Mangini avait été fortement préparé par sa carrière d'ingénieur et d'homme d'affaires à observer les choses et à mesurer les possibilités d'exécution. Relisant l'autre jour le livre profond de Taine sur la *Philosophie de l'art*, j'y découvrais, contre toute prévision, cette analyse morale des hommes de la trempe de Mangini:

« Dans l'homme d'État et dans l'homme d'affaires, dit

Taine (1), c'est un tact de pilote toujours en alerte et toujours sûr, c'est la ténacité du bon sens, *c'est l'accommodation incessante de l'esprit à la variation des choses*, c'est une sorte de balance intérieure prête à mesurer toutes les forces circonvoisines, c'est une imagination limitée et réduite aux inventions pratiques ; c'est l'instinct imperturbable du possible et du réel. »

Tels ont été les principes et la méthode même de Mangini, mais c'est en les animant de la chaleur de son cœur, qu'il a voulu agrandir à Lyon le champ déjà si large de la bienfaisance publique sous toutes ses formes. Lyon a l'antique et glorieuse réputation d'être une ville de charité ; c'est la grande ville qui dans le monde entier a la moindre proportion de pauvres et c'est la seule où les hospices soient entretenus par l'unique et toujours active libéralité des citoyens (2). On a longtemps appelé Lyon ville de l'aumône ; cette conception est trop étroite et doit être considérée comme une forme primaire de la charité ; il faut continuer à la pratiquer, car en cette matière tout est utile et rien ne doit être négligé ; mais il y a longtemps qu'on a cherché et découvert une foule d'autres modes de venir au secours de ses semblables et l'évolution ne cesse de se poursuivre.

(1) TAINE : *Philosophie de l'art*, t. II, p. 330.
(2) Dans le magistral rapport dû à M. Joseph Garin, qui a été présenté à l'Exposition de 1900 par la section d'Économie sociale du Comité Départemental du Rhône, il a été établi, en ce qui concerne la bienfaisance à Lyon, qu'elle est exercée par 300 œuvres ou institutions datant pour la plupart du XIXe siècle ; qu'il y est dépensé environ 16 millions par an pour soulager les misères de toute nature, dont 12 à 13 millions proviennent de la charité privée et seulement 3 à 4 de la contribution publique par la Ville et le Département.
Le Bureau de Bienfaisance municipal compte environ 11.000 inscrits ; mais seulement la moitié y figure à titre permanent ; l'autre moitié est à titre occasionnel, c'est, par rapport à la population, la proportion d'indigents la plus faible de toutes les grandes villes de France et de l'étranger.

Aussi bien, il convient de s'expliquer sur les mots euxmêmes. Bienfaisance, assistance, charité surtout, sont des termes qui ne plaisent pas à tout le monde, peut-être parce qu'ils révèlent encore trop l'action de la foi religieuse comme celle de l'initiative privée et de la volonté individuelle. Et on a le sentiment d'être « avancé » et en plein progrès, en substituant à ces mots et spécialement à celui de charité, le nouveau vocable de solidarité. Il est douteux qu'il corresponde à l'idée de bien ; le mot est dur et n'a point d'avenir moral, car il n'exprime que l'intérêt. On reviendra tout simplement au mot général de charité parce que, soit au sens religieux, soit interprété comme mouvement du cœur humain, il comprend tout dans son acception large et sublime, car il signifie l'amour. Il n'y a pas moins de charité à soulager moralement son semblable, qu'à lui apporter une aide matérielle.

C'est sous cet angle très large que F. Mangini a considéré les œuvres d'intérêt social à accomplir. On pourrait ainsi condenser sa « doctrine » s'il y en avait une en pareille matière :

Tout mode d'assistance est nécessaire et bon ; aucun ne doit être écarté. Mais il n'y a pas que les misérables, les pauvres accidentels et les déchus, qui aient besoin d'assistance. Il faut aller à ceux qui ne la réclament pas, et qui luttent ; à ceux-là il faut la donner sous forme d'instruction de métier et d'amélioration de leurs conditions d'existence, afin de leur offrir les chances de mieux vivre, d'épargner, de parer à l'accident, de prévoir en un mot. De la sorte, on fera de cette vraie démocratie qui ne consiste pas à exciter les gens à changer de place, mais bien à leur procurer les moyens d'être plus heureux dans celle qu'ils occupent.

Quand on s'adresse ainsi non point à des êtres tombés

dans une misère passagère ou irrémédiable, mais à des travailleurs actifs, il n'est ni bon, ni moral de leur rendre les services pour rien et en pure charité ; celui qui rend le service doit consentir à être rémunéré, plus faiblement en raison de son but désintéressé que s'il poursuivait une œuvre lucrative, mais il ne doit pas aller jusqu'à ruiner par la gratuité les propriétaires, industriels, ou commerçants auxquels il vient faire concurrence et à dispenser de l'effort ceux qu'il veut soulager.

Le service étant ainsi rendu, sans violation des lois économiques et de la concurrence, devient profitable à tous et entraîne la réforme de la circulation des produits et de la mauvaise organisation du petit commerce, qui fait payer cher son désordre au consommateur. On a remarqué que dans les faillites ouvertes de petits commerçants, près des neuf dixièmes n'avaient point de comptabilité.

En résumé, l'intention et le but doivent être exclusivement charitables, mais doivent être atteints sans violer les lois de la concurrence et en maintenant l'effort individuel.

Faire de la charité en respectant la liberté, procurer des bienfaits évidents sans gratuité, telles étaient les idées simples et originales de F. Mangini et il complétait bien ou étendait l'action de nos trois cents institutions lyonnaises de bienfaisance ou d'amélioration sociale en les appliquant dans les œuvres dont il a été l'âme ou le créateur et que nous allons examiner trop rapidement.

La première en date est la *Société d'Enseignement professionnel du Rhône*, fondée en 1864. Il est juste de rappeler que l'idée première de cette Société est née du mouvement créé par Duruy, soit par l'extension de l'enseignement primaire en général, soit par l'enseignement spécial qu'il inaugurait à Cluny et qui attirait l'attention publique sur les nécessités d'enseignement pratique qui s'imposaient de plus en plus à un régime industriel toujours grandissant. Duruy avait eu des précurseurs dans les Frères des Écoles chrétiennes ; ce grand ministre, qui par la hauteur de ses idées, la générosité et l'ampleur libérale de ses vues, a appartenu beaucoup plus à la France qu'au gouvernement impérial qu'il a su servir avec indépendance, n'en a pas moins conservé l'immense mérite d'avoir ouvert à notre démocratie laborieuse les voies raisonnables et fécondes pour son instruction. Il stimulait en même temps la création de cours d'adultes, de cet enseignement qu'on appelle maintenant du mot plus compliqué de post-scolaire, afin que nos ouvriers pussent conserver ou accroître leurs connaissances au début de leur métier. C'est pourquoi la Société, fondée à Lyon en 1864, prit à juste titre le nom de « professionnelle » et elle a réalisé son objet, au fur et à mesure de sa durée ; car si, au début, à un moment où l'instruction obligatoire n'avait pas encore été établie par la loi, un grand nombre de ses cours s'adressaient aux illettrés, ces cours d'instruction primaire se réduisaient graduellement et au fur et à mesure que la loi d'obligation produisait ses effets et l'enseignement de la Société pouvait ainsi devenir de plus en plus adapté aux professions. De 1864 à 1870, la progression fut lente, peut-être par défiance d'idées qui semblaient avoir une origine gouvernementale ; au moment de la chute de l'Empire, la Société ne comptait que quelques centaines d'élèves. Puis, à la faveur d'un nouveau régime républicain qui mettait au premier rang dans les esprits les nécessités de l'enseignement, l'admirable but de la Société d'Enseignement professionnel fut mieux compris, les élèves affluèrent, on en a compté jusqu'à huit mille ;

à l'heure actuelle, sept mille se trouvent encore réunis dans cent cinquante cours et la légère diminution depuis le chiffre maximum tient uniquement, nous l'avons dit déjà, à ce que la Société n'a plus à s'occuper d'illettrés qui n'existent désormais que dans des proportions infinitésimales.

Mais le changement de l'esprit public, l'excellence du but mieux compris par tous, n'eussent pas pu suffire à eux seuls à attirer ces milliers d'élèves dans les cours de la Société; c'est surtout à son organisation clairvoyante et sage, à son administration parfaite qu'il faut attribuer la majeure part du succès. Œuvre d'enseignement populaire ne s'adressant qu'à des élèves volontaires et libres, elle offre ce triple caractère d'être neutre, de ne rechercher que l'intérêt démocratique, et d'associer l'élève à l'institution. Elle est neutre ; car elle n'a jamais été dirigée dans aucun but confessionnel ou politique; par un très rare exemple, on a vu les hommes les plus violemment séparés par les idées religieuses ou politiques siéger les uns à côté des autres dans le Conseil d'administration, réunis par un amour commun du bien.

Elle est d'intérêt démocratique, se proposant d'améliorer et de rendre plus fort chacun dans son métier. Enfin elle s'associe l'élève par deux moyens : en lui demandant une très faible rétribution, trois à six francs par an selon les cours, ce qui excluant l'idée de gratuité fait considérer l'enseignement comme sa chose à l'élève libre ; puis en lui faisant faire sa propre police, en confiant le maintien de la discipline dans les cours, sous le contrôle du professeur, à un commissaire élu par l'élève. Telle est l'organisation originale et souple qui a valu quarante ans bientôt de prospérité à la Société d'enseignement professionnel, à condition qu'il vînt s'y ajouter pour la diriger Félix Mangini, qui, depuis la première heure jusqu'au moment de sa mort, n'a cessé d'en être l'âme. Arlès-Dufour, qui a laissé à Lyon des souvenirs durables de son esprit hardi et généreux et M. Henri Germain avaient été ses premiers promoteurs ; M. Henri Germain, à l'origine, recevait le titre de président, alors que Félix Mangini, nommé vice-président, assumait déjà toute la tâche ; nommé président en 1870, il a toujours conservé cette laborieuse et délicate fonction. Ce n'est point sans des prodiges de diplomatie et de patience que tant d'éléments disparates ont pu vivre en une union parfaite sous sa présidence ininterrompue, et qu'une aussi belle institution de progrès populaire, la première en son genre dans notre pays, a pu se développer en un croissant et éclatant succès. Les trop rares institutions similaires en France provenant de l'initiative privée ne peuvent point se classer au-dessus de l'œuvre lyonnaise. La Société philomatique de Bordeaux, malgré son très haut mérite, ne peut pas prétendre, en raison de la diversité de ses buts, au titre exclusif d'institution d'enseignement professionnel, et les cours similaires de Paris sont loin d'avoir la même cohésion et la même importance que les nôtres.

Près de quatre-vingt mille jeunes ouvriers et employés de Lyon ont suivi les cours de la Société d'enseignement professionnel depuis sa fondation ; on voit quelle action matérielle a pu être ainsi exercée sur le développement de nos industries et quel exemple moral a été donné à tous par le spectacle admirable de ces milliers de braves gens, qui, après une journée de rude labeur, viennent encore s'asseoir sur les bancs d'une école et demander à l'instruction une connaissance plus complète de leur métier. C'est bien là que se découvre la vraie démocratie, celle qui ne veut grandir que par l'intelligence et par le travail ; c'est à celle-là que Félix Mangini s'attachait avec passion.

Puissent se réaliser les paroles de confiance et d'espérance que Mangini adressait dans son dernier discours en 1901 à ses chers élèves de la Société d'enseignement professionnel ; et qui reflètent si bien son courageux optimisme :

« Notre beau pays renferme les éléments d'une grande prospérité et malgré les divisions nombreuses faites pour le rabaisser aux yeux des autres nations, nous croyons fermement à son avenir..

« Nous y croyons surtout, à cet avenir, quand, regardant autour de nous, nous voyons se développer de belles institutions comme la nôtre, qui comptera bientôt un demi-siècle de prospérité non interrompue ; quand nous voyons grandir et prospérer nos œuvres lyonnaises avec leur caractère spécial et leur allure indépendante. Nous espérons alors fermement que l'agitation, toute de surface, finira par se calmer, sans être parvenue à troubler les masses profondes, animées du bon sens français, qui forment la vraie réserve de notre pays. »

La belle œuvre de l'enseignement professionnel devait amener Mangini à en comprendre d'autres provenant de la même origine morale, et, pour lui, comprendre, c'était agir. Il s'émouvait lorsqu'il voyait, le soir, le courageux élève de la Société d'enseignement professionnel, après avoir tant déployé d'énergie dans son surcroît de travail volontaire, rentrer dans quelque pauvre logis chèrement payé et où il ne trouvait cependant ni propreté ni le plus sommaire confort.

Il observait en homme pratique, après les moralistes et les économistes, de quelle importance était la solution du problème des logements ouvriers dans les grandes cités ;

il savait combien la dignité de l'individu et de ses mœurs, et par conséquent le maintien même de la famille était lié à la question du logement, et en faisait l'une des plus pressantes et des plus hautes questions sociales de notre époque. Mangini n'ignorait pas non plus que cette question n'est pas au nombre de celles qui sont douteuses ou insolubles ; il estimait au contraire qu'on pouvait l'aborder avec une ardeur confiante, parce qu'elle est à la fois simple et limitée. Simple, car il ne s'agit que d'une industrie de bâtiment ordinaire et connue ; limitée, parce qu'elle ne s'applique en France qu'à quelques grandes villes. Car notre pays offre un caractère particulier et consolant, que c'est celui du monde où il existe le plus de maisons proportionnellement au nombre d'habitants. Les statistiques officielles donnent le chiffre énorme de neuf millions de maisons (soit quatre à cinq habitants par maison) sur lesquelles plus des deux tiers sont occupées par leurs propriétaires, ce qui, soit dit en passant, est fait pour porter un coup formidable aux théories collectivistes.

En France, dans les petites villes et aux champs, on est bien logé à des prix infimes ; dans les grandes villes au contraire, ceux qui vivent de leurs salaires ou sur de faibles ressources, sont mal et chèrement logés. Les villes se sont agrandies sans aucun souci des conditions de logement de la majorité de leurs habitants présents et surtout futurs. On voit donc comment le problème du logement en France est déjà résolu, ou au contraire se pose d'une manière désolante selon les lieux, et combien il est ainsi dangereux de généraliser. Aux portes de Lyon par exemple, se trouvent dans nos villages des maisons de pierre, saines et bien construites, comportant pour un journalier une location de 60 à 80 francs par an ; à ce prix le même journalier ne trouverait pas dans la grande ville un misérable taudis. Le revenu de la maison dite bourgeoise se capitalise à Lyon entre 3 et 4 p. 100 ; on exigeait de la maison logeant surtout des ouvriers un revenu de 8, 10 et 12 p. 100, soi-disant en raison de trop nombreuses non-valeurs. C'est pour parer à ce lamentable état de choses que Félix Mangini a fondé à Lyon en 1888, avec le concours de son frère et de deux amis, *la Société anonyme de logements économiques*. Par une vue très judicieuse, la formation de la Société avait été précédée d'une enquête sur l'état des logements ouvriers confiée aux soins des élèves de la Société d'enseignement professionnel, c'est-à-dire des meilleurs observateurs choisis dans le milieu des intéressés. L'enquête confirma pleinement l'extrême utilité du projet.

Le capital d'origine était de deux cent mille francs ; il a été porté successivement à cinq millions de francs, et six millions ont été employés en constructions représentant 130 maisons contenant 1.500 logements, pour sept à huit mille personnes. La Société des logements économiques est devenue ainsi, après les Hospices, le plus grand propriétaire de Lyon, et ses titres sont considérés comme un placement assez solide pour être admis dans les remplois dotaux. En effet, il ne paraît pas, qu'au point de vue de la sécurité du placement immobilier, des garanties plus sûres puissent être offertes. L'expérience de bientôt quinze ans faite par la Société de logements économiques a démontré la fausseté du préjugé d'insolvabilité plus grande qu'ailleurs, sur lequel s'appuyaient les propriétaires de maisons ouvrières. Les rapports et les comptes de cette société démontrent, qu'au moins à Lyon, personne ne remplit mieux ses engagements que les très modestes locataires qui forment sa clientèle. Les comptes de 1902 établissent que, sur un total de prix de location représentent 389.818 francs, la perte sur loyers pour insolvabilité ou renvoi peut être qualifiée de nulle, puisqu'elle ne s'élève qu'à 536 fr. 80 ; on ne trouverait aucune proportion équivalente et aussi favorable dans les immeubles les plus richement habités.

Le succès est éclatant ; la Société de logements économiques a prouvé qu'on pouvait loger mieux et à meilleur marché ceux qui ont le plus à compter avec les besoins de l'existence. Elle loue, avec une réduction de 25 à 30 p. 100 sur les prix anciens, de meilleurs logements dans des maisons bien construites et bien aménagées, tout en faisant une excellente opération dont les actionnaires se sont imposé la règle de ne recueillir qu'une partie des avantages. Ils ne peuvent recevoir qu'un intérêt maximum de 4 p. 100 ; le surplus des bénéfices est destiné à des réserves qui, déjà très importantes, serviront soit à développer l'œuvre elle-même, si l'intérêt de l'extension est démontrée, soit à devenir le patrimoine futur d'autres œuvres de même portée. Il est certainement rare et intéressant de voir ainsi une œuvre utile en engendrant une autre et le même champ de bienfaisance préparé pour d'autres moissons.

On doit ajouter avec plus de regret que de satisfaction que de pareils résultats sont trop exceptionnels. La Société des logements économiques constitue de beaucoup le plus grand effort qui ait été fait en France pour améliorer l'habitation à petits loyers dans les grandes villes.

On a employé vingt millions de francs environ en construction de maisons de cette nature dans toute la France, et la seule Société lyonnaise y est comprise pour six millions.

Ses résultats financiers sont également exceptionnels ; ailleurs la bonne volonté a été égale, mais ce n'est qu'à

Lyon que s'est rencontré un homme de la valeur de Félix Mangini pour tirer une bonne affaire d'une bonne action ; il a tracé dans un petit ouvrage (1) simple, sobre et magistral, les règles de l'art de la construction à bon marché, à l'usage de ceux qui auront la bonne pensée de l'imiter.

Nous signalions plus haut que l'un des caractères de cette bonne action serait d'être reproductive, par l'emploi futur des réserves amassées. Mais la Société des logements économiques a eu d'autres conséquences qui sont des plus dignes de remarque, et de nature bien différente.

La première conséquence a été la création annexe de la *Société d'alimentation* fondée en 1891 et bientôt fusionnée avec la Société des logements économiques. Là encore, Félix Mangini poursuivait son but ; après l'enseignement professionnel rendant l'homme plus fort et plus apte ; après l'habitation plus saine et à prix abaissé, il voulait l'alimentation améliorée dans sa qualité et dans son prix. La Société d'alimentation a ouvert deux grands restaurants l'un aux Brotteaux, l'autre à la Guillotière. On y sert trois mille repas par jour représentant un chiffre d'affaires de cinq cent mille francs par an ; la dépense moyenne par repas est de 0 fr. 45 et le bénéfice fait sur le client représente de un à deux centimes, selon le prix des subsistances ; ce prélèvement suffit à assurer la prospérité des établissements. L'avantage pour le consommateur se trouve encore plus dans l'excellente qualité des choses, dans la « loyauté » du produit, que dans l'économie sur les prix, et le service rendu est aussi considérable pour la santé que pour la mince bourse du consommateur. Quoique Félix

---

(1) *Les petits logements dans les grandes villes et particulièrement dans la ville de Lyon,* par Félix MANGINI, Storck, éditeur.

Mangini n'ait pas voulu créer une concurrence trop forte au petit commerce d'alimentation, en fondant d'autres établissements et n'ait entendu que les stimuler par la démonstration de succès obtenus dans des conditions plus favorables pour le public, les petits commerçants n'en témoignèrent pas moins une mauvaise humeur allant jusqu'aux voies de fait contre les restaurants de la Société. Puis ils se ravisèrent, et à la grande joie du fondateur de la Société d'alimentation qui voyait son but ainsi atteint et son action indirectement élargie, la clientèle des restaurants a légèrement baissé par suite de nombreux établissements similaires fondés sous le même titre et faisant bénéficier la clientèle d'avantages équivalents. Il ne faut pas l'oublier, les avantages indirects acquis à la communauté lyonnaise par l'action des sociétés telles que celles des logements économiques et de l'alimentation sont infiniment plus considérables (et c'était là leur but) que les avantages directs. Les logements économiques ne reçoivent que 8.000 personnes, mais ont agi sur tous les prix et sur la condition des locations semblables ; ils ont opéré une véritable révolution ; il en est de même pour l'alimentation. Ainsi le bienfait, se généralisant par la répercussion et par une heureuse contagion, devient énorme.

L'organisation de la Société des logements économiques a permis à son promoteur de rendre encore un autre service. Mangini voulait apporter jusque dans les constructions d'ordre supérieur, méritant le nom d'édifices ou de monuments, son souci de la prévoyance, sa défense du capital général ménagé au profit de tous pour le bon marché ; il atteignait son but par la science pratique et le calcul rigoureux, par une grande clairvoyance des lois économiques et enfin une administration attentive et stricte. Pour montrer qu'on pouvait appliquer les mêmes lois dans la construction du monument public que dans celle des maisons les plus modestes, il se fit architecte en employant ses collaborateurs exercés des Logements économiques. Il édifia ainsi successivement l'hospice Renée Sabran à Giens (1), l'hospice Paul-Michel-Perret à Saint-Genis-Laval, tous les deux annexes des Hôpitaux de Lyon ; puis le bel Institut de Chimie de l'Université de Lyon et enfin le sanatorium d'Hauteville. Certes Mangini n'avait aucune prétention architecturale ; en cela comme ailleurs il était, en même temps que très modeste, très conscient de sa puissance de faire. Lorsqu'il n'avait à compter qu'avec ses deniers, il rendait hommage à l'art le plus délicat en confiant au grand architecte lyonnais Gaspard André, dont il resta l'intime ami, l'érection de ses belles demeures de la Pérollière et de Cannes. Mais alors qu'il s'agissait de ménager la fortune du public, il voulait s'essayer même en l'art merveilleux de bâtir, et il y réussissait grâce à sa science technique de la construction, à sa connaissance des matériaux, à son bon sens, à sa claire raison s'appliquant à toutes choses, et ayant sa place éminente dans l'architecture, qui est à sa manière un long raisonnement. C'est pourquoi dans ses monuments de très sobre élégance, Mangini a su obéir au moins à deux des lois principales de l'architecture ; à savoir que le monument doit être approprié à sa destination, la montrer ; et que la beauté suprême se révèle dans la proportion. Qui n'est condamné, hélas ! à ne suivre ces préceptes que de très loin ? mais clarté et proportion se découvrent bien dans les quatre grands édifices de notre architecte de bonne volonté ; ils feraient

---

(1) Dans le voisinage d'Hyères, sur la Méditerranée.

honneur à un architecte de carrière, tout en y ajoutant la science trop négligée de l'économie.

Le dernier monument construit par Mangini, celui du sanatorium d'Hauteville, était destiné à son œuvre finale, non la moins importante.

Une des plus graves questions touchant à l'avenir de la nation et on pourrait dire tout simplement de notre espèce humaine, est la lutte contre le fléau grandissant de la tuberculose. L'attention passionnée de Mangini s'était portée de ce côté; il avait déjà combattu le fléau de la meilleure manière, la préventive, c'est-à-dire en l'empêchant de naître par l'amélioration du logement et de la nourriture ; mais il voulait soulager aussi les malheureux déjà atteints par le terrible mal. Parmi les remèdes agissants, il ne s'en trouvait point, de l'avis unanime de la science médicale, de plus sûrs que celui du traitement par la suralimentation et l'air pur du sanatorium. Mais cette médication puissante et coûteuse ne pouvait, par sa nature même, que s'adresser aux malades fortunés et il s'agissait d'en assurer le bienfait aux tuberculeux indigents, au prix d'une faible rémunération, le plus souvent fournie par les communes ou les personnes s'intéressant aux malades. De cette pensée est née l'*Œuvre lyonnaise des tuberculeux indigents*, fondée en 1897, et mise en activité dans le sanatorium d'Hauteville dès 1900, au prix des plus énergiques efforts. Le sanatorium d'Hauteville, qui n'est dépassé par aucun autre en France où l'institution est au reste à peine naissante, reçoit déjà cent vingt-cinq malades. C'est la seule œuvre que Félix Mangini ait accomplie en y mêlant le grain de folle insouciance et de confiante audace qui doit parfois se découvrir dans les actions affranchies d'intérêt matériel et qui même leur sert d'excitant.

F. Mangini avait bien réuni un million pour la construction du sanatorium : 500.000 francs par souscription lyonnaise et 500.000 au moyen d'une subvention du Pari mutuel. Mais il lui fallait trouver ensuite deux millions pour pouvoir marcher et subsister ; il connut une heure de violente angoisse, se sentant déjà gravement atteint, il a pu craindre un instant de ne pouvoir assurer lui-même l'existence de son œuvre. Mais Félix Mangini ne se bornait pas à faire le bien ; il savait encore en donner le conseil et l'inspirer aux autres. Ainsi il avait obtenu tout d'abord et de son vivant d'une femme de la plus haute générosité, Mme Michel Perret, une somme de deux millions pour la fondation de Longchêne en mémoire d'un fils unique ; puis Mme Michel Perret mourait en laissant sous la même inspiration, une fortune de plus de quatre millions à répartir entre des œuvres locales et régionales, par les soins de trois exécuteurs testamentaires dont le premier désigné était M. Émile Loubet, Président de la République. M. Hermann Sabran, président de nos Hospices, qui laissera lui aussi un nom vénéré dans les annales de la bienfaisance lyonnaise, et Félix Mangini représentaient les deux autres. Dans la répartition, le chef de l'État, qui honorait notre ami d'une estime particulière, et M. Sabran tinrent à attribuer au sanatorium d'Hauteville, une allocation d'une importance exceptionnelle s'élevant à 1.800.000 francs. L'avenir de l'*Œuvre lyonnaise des tuberculeux indigents* était ainsi largement et définitivement assuré ; elle restait la première dans les institutions de cette nature dans notre pays. Mangini pouvait disparaître ne laissant pas derrière lui une seule de ses créations bienfaisantes qui ne fût parachevée et certaine de prolonger l'action du fondateur. Une pareille certitude valait mieux pour celui dont nous parlons que la plus haute des récompenses.

Telles sont, dans leur harmonieuse direction vers le même but, ce qu'on peut appeler les œuvres d'intérêt social, de devoir social de F. Mangini. Une seule reste à part dans la série et il reste à en dire un mot. C'est la *Société des Amis de l'Université* qui nous réunit aujourd'hui ; fondée en 1895, F. Mangini en a été le promoteur et le président. Il avait peut-être mis quelque amour-propre intellectuel, et du meilleur aloi, dans cette fondation. S'étant toujours occupé de choses pratiques comportant et exigeant le succès matériel, quoique ces choses pratiques n'eussent cependant d'autre visée que le développement moral obtenu par une préoccupation moins dure des conditions de l'existence, Mangini tenait à montrer qu'il n'ignorait pas l'importance des hautes et pures sources de l'intelligence ; il voulait témoigner de la valeur et de la nécessité de l'union entre ceux qui dans les grandes cités sont chargés de la direction du travail et ceux qui en étudient les lois supérieures dans la philosophie, la science, l'art et le droit. La *Société des Amis de l'Université* devait former le lien entre l'Université naissante de Lyon et la grande communauté laborieuse de Lyon, afin que la pénétration réciproque pût être opérée. C'était à vrai dire chercher à recueillir l'un des principaux bienfaits qu'on attendait de la décentralisation universitaire, que de donner à notre Université une attache aussi puissante que possible à la terre lyonnaise, que de l'associer à notre esprit et à notre travail. Tel est le but moral de la Société des Amis de l'Université ; aider à la création de nouvelles chaires, à la dotation des laboratoires, amener le public à l'Université par les conférences, sont ses moyens d'action. Nous retrouvons clairement définis ces buts et ces moyens dans le discours prononcé le 5 décembre 1896 par F. Mangini, lors de l'inauguration solennelle de notre Université :

« C'est pour accomplir, disait-il, une œuvre morale que nous avons été créés ; nous voulons faire aimer notre vieille cité par cette jeunesse intelligente de professeurs et d'étudiants, belle mosaïque intellectuelle qui vient du nord au midi de notre beau pays de France... C'est par l'union avec l'Université que nous arriverons à la plus utile des décentralisations ; nous n'empêcherons pas, nous ne voudrions pas empêcher Paris d'être une étoile brillante, mais nous ne voulons pas que la province pâlisse devant son éclat. Et nous retiendrons alors les professeurs dans notre milieu honnête, tranquille, sûr, toujours si propice au travail sérieux. A nous de ne pas oublier l'avenir de ce monde de savants français, toujours désintéressé et d'autant plus séduisant qu'il s'occupe moins des biens de ce monde. »

Et pendant que s'écoulait une vie si merveilleusement remplie par des œuvres d'initiative et de caractère personnel, Mangini trouvait encore le moyen d'y joindre une participation assez étendue et efficace aux institutions publiques, pour qu'elle parût suffisante à occuper la pleine activité de tout autre que lui. Il fut successivement Conseiller général du Rhône ; membre de la Chambre de commerce de Lyon qui lui doit des études magistrales sur le régime des chemins de fer ; administrateur des Hospices pour lesquels nous avons dit qu'il construisit les beaux édifices de Giens et de Longchêne ; président de la Caisse d'épargne de Lyon, où il sut réaliser d'importantes réformes ; il se trouvait enfin par surcroît, comme maire de Saint-Pierre-la-Palud pendant trente-cinq ans, le plus ancien magistat municipal du département, le conseil et l'ami de toute une population qui le chérissait.

Quand on parle des hommes qu'on a aimés et presque

au lendemain de leur mort, on craint de céder à la fois à l'émotion personnelle et au patriotisme local en outrant l'éloge. J'ai la conscience de le tempérer, surtout si je compare F. Mangini avec ceux des hommes bienfaisants dont les noms restent vénérés dans la mémoire. Parmi ces hommes nombreux qui dans le dernier siècle ont le mieux compris leur devoir social par la création de toutes les institutions de la plus féconde des charités, c'est-à-dire la prévoyance, je n'en vois aucun, du moins en France, dont l'action ait été à la fois aussi vaste, aussi méthodique, aussi féconde et surtout aussi personnelle que celle de F. Mangini. Les uns ont eu des idées, les autres les ont réalisées, soit en donnant leur argent, soit en consacrant leur temps. La supériorité de Mangini consiste à avoir tout à la fois créé, donné et dirigé.

Après avoir cherché, d'une manière beaucoup trop sommaire, à décrire ce qu'ont été les œuvres, il devient plus facile de découvrir quel était le caractère de l'homme et de montrer sa figure morale. Ses œuvres sont vraiment faites à son image. On pourrait résumer le caractère de Mangini d'un seul mot; il était un enthousiaste pratique. Il représentait l'alliage infiniment rare de l'imagination et du bon sens ; son cœur et sa raison s'arrangeaient à agir de concert. Il mettait de la passion dans ce qu'il croyait et dans ce qu'il n'entreprenait qu'après une réflexion prolongée, mais ne pouvait voir que le possible et le réel. Il était amoureux de ce qu'il faisait, non de lui, car il était exempt de vanité à un point surprenant, mais de la tâche et de l'ouvrage produit. Une fois résolu, il était aussi optimiste que tenace. Administrateur incomparable, exerçant une grande mais souple autorité ; à la fois large et minutieux, économe et généreux. Il n'avait rien de commun, ni par la fortune ni par l'esprit avec ces milliardaires américains par exemple, qui pratiquent entre eux comme le sport d'une bienfaisance matérielle et rabaissée. Il nous faut revenir sur une idée déjà exprimée : Mangini se donnait tout entier ; à la générosité pécuniaire, il ajoutait quelque chose d'infiniment plus précieux : son cœur, son talent et son travail. Il aimait naturellement et simplement les petits et les faibles ; ceux pour qui le chemin de la vie est hérissé d'obstacles, ceux qui en veulent triompher par le travail acharné. L'amour du peuple n'était pas pour lui une carrière ; il n'avait rien voulu demander à la politique, dont l'action lui paraissait trop lente ou trop incertaine, quoiqu'il professât d'une manière invariable et ferme son attachement à la République et à la liberté. Mangini avait la faculté rare de pouvoir parler à chacun le langage convenable ; il savait ce qu'il faut dire au paysan et à l'ouvrier et sans familiarité se faisait aimer et écouter d'eux. Dans la grande ville de Lyon, comme en son petit coin de terre rural qu'il aimait tant, il était devenu ce qui est trop rare chez nous pour la paix publique : une véritable autorité morale. On le vit dans des circonstances graves. Il y a quelques années, une grève de caractère inquiétant fut sur le point d'éclater dans les grandes mines de pyrite de Sain-Bel, situées sur la commune de Saint-Pierre-la-Palud, où se trouve la résidence de F. Mangini. Mais avant d'en venir à un conflit redoutable, la Compagnie de Saint-Gobain, propriétaire des mines de Sain-Bel, et les représentants des ouvriers décidèrent d'un commun accord de s'en rapporter à l'unique arbitrage de F. Mangini. L'arbitre rendit une sentence dont l'équité fut appréciée des uns et des autres ; le travail reprit, l'harmonie fut rétablie entre les patrons et les ouvriers, elle n'a pas été troublée depuis lors. Je n'oublierai jamais la joie débordante que Mangini montra en m'apprenant le premier cette bonne nouvelle; son cœur d'homme de bien ressentait l'émotion douce et profonde de celui à qui il a pu être donné de maintenir la paix par la justice. De mon côté, je voulais faire connaître au public, par ce rare exemple, ce que peut la confiance mutuelle dans une autorité morale, en ces ruineux conflits entre patrons et ouvriers. Mangini m'interdit de le faire en ajoutant ces mots simples et nobles: Nous avons arrangé cela dans le silence, laissons cela dans le silence, afin que personne ne se croie vaincu.

Ce rapprochement qu'il recherchait avec la foule des braves gens peinant et luttant pour leur vie se traduisait dans des choses paraissant de faible importance, mais caractéristiques. Il favorisait les relations de ses enfants avec les petits paysans de Saint-Pierre; il ne manquait pas une occasion d'organiser des fêtes populaires ou d'y participer. Très sobre pour lui-même, il allait jusqu'à ressentir vivement la joie des interminables banquets des associations de tout genre. Il était d'une franche et saine gaieté, en y ajoutant le sel du terroir, et un peu de cette ironie douce et voilée, s'alliant à beaucoup de bienveillance profonde, qui est la marque du Lyonnais des anciens temps. Le proche contact des autres lui plaisait; il n'était pas, comme tout bon bourgeois français et surtout lyonnais, l'ami des clôtures et des murs. Il a édifié sa belle villa de la Pérollière à cent mètres d'un chemin public. Tout autre eût choisi un autre emplacement, ou bien étant maire de l'endroit comme Mangini, eût fait passer le chemin ailleurs. Aux amis qui s'étonnaient de cet état de choses Mangini répondait : Mais comment donc, c'est parfait, mes voisins viennent bien plus facilement chez moi !

Il n'écartait de son ardente sympathie que les découragés des classes plus heureuses matériellement, et ceux surtout qui découragent. Il pensait que chaque génération doit au bien social et au bien du pays son contingent d'efforts, sans trop calculer le résultat, sans attendre la récompense apparente, sans recherche de cette fausse perfection qui, ne pouvant être atteinte, sert de prétexte pour ne pas agir.

Ce n'est point la légitimité de la fortune qu'il faut contester, c'est son usage. Quelque absolu que soit le droit de posséder et de devenir riche, ce droit est plus sûrement miné par l'immoralité et le mauvais emploi, que par toutes les théories et les violences des ennemis de la propriété. Le riche, à tout degré, doit racheter sa richesse par la moralité dans la jouissance même de sa richesse ; c'est, ainsi qu'il trouvera, en même temps que la sécurité, la paix du cœur. Mangini sut recueillir ce dernier bien, le plus précieux des biens, dans le grand jour de douleur de sa vie. C'était un chef de famille incomparable, il avait trouvé une femme digne de lui par la hauteur morale et par l'intelligence (1); père passionné pour ses enfants, il connut un jour celle des douleurs qui ne s'efface jamais ; la mort lui prit une fille chérie au moment où elle venait d'être fiancée. Le coup l'atteignit à une heure où sa santé traversait une grave crise ; on crut qu'il ne pourrait s'en relever et que toute vie active était finie pour lui. Mangini se redressa et se ressaisit en songeant au bien des autres, à ce qui lui restait à accomplir ; il distribua sur-le-champ à diverses œuvres de bienfaisance la dot de trois cent mille francs qu'il destinait à sa fille et se remit à l'organisation du sanatorium d'Hauteville.

---

(1) Mangini avait épousé la fille de l'illustre Marc Seguin, dont nous avons rappelé plus haut une partie des œuvres.

Pour tout dire en un mot, toute la belle vie de Félix Mangini est sortie de la bonté du cœur ; la bonté, humble mot, grande chose, disait Michelet. L'humanité serait consolée, si elle voulait se convaincre de ce que peut la bonté du cœur. C'est la lumière qui illumine les plus hauts sommets en même temps que les bas-fonds de la vallée, celle qui brille pour tous, qui rapproche dans une sublime égalité le génie du plus pauvre esprit. C'est ce sentiment de bonté active, guide de toute la vie de Mangini, qui grandissait à mesure qu'il approchait de la fin. Plus il s'acheminait vers la mort, plus il entrevoyait, avec son âme chrétienne, la loi, la vérité, le sens de la vie, dans l'amour des autres. Quand je le regardais douloureusement, chaque jour déclinant, mais toujours plein de sérénité, de patience, de paix et de confiance, je retrouvais son image dans les vers admirables de Victor Hugo :

> Le vieillard qui revient à la source première
> Entre aux jours éternels et sort des jours changeants
> Et l'on voit de la flamme aux yeux des jeunes gens
> Mais aux yeux du vieillard, on voit de la lumière (1).

La récompense de cet homme ardent et persévérant dans le bien a été telle qu'il pouvait la souhaiter ici-bas, puisqu'il a pu terminer sa tâche, laisser ses œuvres florissantes, et mourir certain qu'elles seraient recueillies et poursuivies. Chaque génération naît avec ses risques, ses problèmes, chargée de la terrible tâche de continuer la civilisation ; chaque génération a ainsi son devoir, son

---

(1) Booz endormi (*Légende des siècles*).

labeur moral à accomplir en l'adaptant aux circonstances variables, aux exigences nouvelles, à la croissante complexité des choses. Mais si les modes du devoir social changeront ou s'étendront, les principes resteront invariables ; ce sont ceux qui ont dominé la grande âme de notre ami. Félix Mangini a ouvert à Lyon une école de charité chaleureuse et raisonnée, haute et pratique, procédant à la fois de l'ardeur du cœur, de l'observation et du bon sens. Il faut souhaiter que nous-mêmes et ceux qui nous suivent dans la vie sachions y puiser les leçons et les motifs d'agir dans la lutte sans trêve et sans fin pour le mieux, pour le bien, pour la paix.

LYON
IMPRIMERIE A. STORCK ET C¹ᵉ
Rue de la Méditerranée, 8

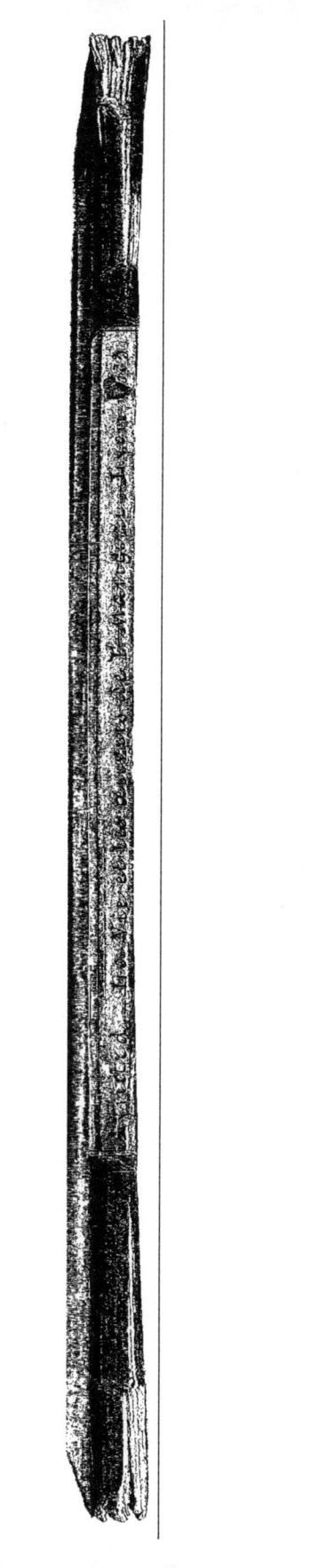

www.ingramcontent.com/pod-product-compliance
Lightning Source LLC
Chambersburg PA
CBHW060956050426
42453CB00009B/1191